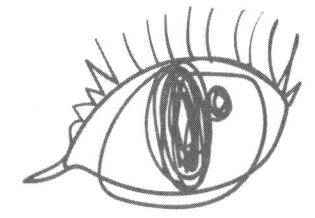

빛의 수술

김보현 두번째 시집

빛의 수술

초판 1쇄 인쇄일 | 2025년 9월 1일
초판 1쇄 발행일 | 2025년 9월 5일

지은이 | 김보현
펴낸이 | 맹경화
펴낸곳 | 도서출판 푸른산
디자인 | 단청
그 림 | 김보현, 김수현

등록 | 제 301-2013-107호
주소 | 서울시 중구 을지로18길 25-2 302호
TEL | 02-2275-3479
FAX | 02-2275-3480
E-mail | csmac69@hanmail.net

김보현 두번째 시집

빛의 수술

푸른山

시인의 말

어린 시절, 저는 늘 아픈 몸으로 하루하루를 견디며 살았습니다. 병원과 집을 오가는 것이 일상이었고, '치료'라는 말은 제 삶의 한 부분처럼 자연스러웠습니다. 또래보다 공부는 더디었고, 몸과 마음이 늘 지쳐 있어 친구를 사귀는 일도 쉽지 않았습니다. 그렇게 세상에서 한 발 물러나 있던 날들이 이어졌습니다.

어느 날, 차오르는 외로움과 답답함을 낱말 하나하나로 노트에 적기 시작했습니다. 그때가 제 첫 일기였습니다. 어쩌면 저는 이미 그때 '글'이라는 친구를 만나고 있었는지도 모릅니다. 일기는 제 마음의 비밀을 들어주는 단 한 사람의 친구였고, 그 친구와 나누는 대화는 제 하루를 위로해 주었습니다.

차곡차곡 쌓인 일기들은 중학교 시절 담임이셨던 김윤희 선생님께서 작은 시집으로 엮어 주셨습니다. 그 시집을 처음 받아들었을 때, 저는 세상에서 가장 큰 선물을 받은 아이처럼 가슴이 뛰었습니다. 이후 그 경험은 제게 용기를 주었고, 문예대회에서 여러 차례 상을 받는 기쁨으로 이어졌습니다.

중 · 고등학교 때 쓴 시들을 모아 『숨 멎어 전쟁이다』를 출간하게 되었습니다. 부모님은 언제나 문예창작의 길로 저를 자연스럽게 이끌어 주셨고, 그 격려와 믿음은 제 안의 작은 불씨를 꺼지지 않게 해 주었습니다. 덕분에 글쓰기에 대한 자신감을 단단히 다질 수 있었습니다.

십 대의 저는 날마다의 일을 조심스럽게 시라는 언어로 꺼내어 놓는 아이였지만, 성인이 된 지금은 세상을 바라보는 눈이 훨씬 깊어졌습니다. 시간이 쌓일수록 세계는 넓어졌고, 그 안에서 사랑의 기쁨과 상처, 꿈과 그리움, 사람들의 다양한 이야기를 글로 담아내고 싶다는 마음이 커졌습니다.

지금의 저에게 시는 여전히 일기입니다. 하루의 가장 솔직한 마음을 기록하는, 세상 누구보다 먼저 제 이야기를 들어주는 친구입니다. 그 친구와 함께 쓰는 시는 아픈 날에도, 외로운 날에도, 기쁜 날에도 제가 살아 있음을 확인하게 해 주는 숨결입니다.

2025년 가을

차 례

제2부
바람개비의 꿈

제3부
아포카토의 하루

제4부
잠이라는 약

제1부

멈춘 발걸음 위에

자화상

거울 속 나는
조금 낯설고
조금 익숙하다

웃음과 침묵 사이
눈가엔 오래된 계절이 머물고
입술엔 말하지 못한 문장들이 걸린다

나는 나를 그린다
흑백으로 시작해
한 방울씩 색을 묻힌다

어제의 실수도
오늘의 후회도
모두 그림자의 일

지우지 않고 그린다
나라는 이름의 풍경을

폭식

허기인지 허전함인지
텅 빈 마음에 쌓이는 그릇들

입은 즐겁고 마음은 무겁다
한 입 또 한 입 끝은 어디인가

배는 찼지만 공허는 더 깊어지고
후회는 항상 마지막 조각 뒤에 온다

먹는 건 위로가 아니란 걸 알면서도
또 다시 젓가락질을 한다

자존심

바람 앞에 촛불처럼
흔들려도 꺼지지 않는
작은 불꽃 하나

누가 알아주지 않아도
내 안의 목소리는 말 한다
나는 나다

상처받아도 움츠리지 않고
비웃음에도 고개를 들고
눈을 맞춘다

부서지기보다
꺾이지 않기를
그게 나의 자존심

나를 지키는 마지막 성벽

개구리의 노래

해 질 무렵, 논둑길을 걷다 보면
가슴 깊은 어딘가를
툭툭 두드리는 소리가 들려온다
개굴 개굴

소리는 물결처럼 퍼지고
어둠 속에서 생명의 숨결이 번져간다
개구리의 울음은 단지 소리가 아니다
그건 봄이 왔다는 선언이며
작은 생명들이 이 땅 위에
무사히 돌아왔다는 노래다

아무도 주목하지 않아도
그들은 날마다 성실하게 운다
우리가 잊고 살아가는 계절의 리듬을
그들은 온몸으로 기억하고 부른다

비온 뒤 물웅덩이에 비친 별빛 아래
그 울음은 더욱 진하다
쓸쓸한 밤의 정적 속에서

누군가는 그 소리에 위로를 얻고
누군가는 그 안에서 오래된 추억을 떠올린다

개구리의 울음소리는 자연의 언어다
숨죽였던 것들이 다시 숨 쉬기 시작하는 밤
그 속삭임은 많은 것을 들려준다

그것은 침묵 속의 노래이며
작은 존재들이 들려주는
커다란 생의 합창이다

천천히 다가가는 사랑

한 걸음 늦게 걷는다
네가 웃는 사이
나는 그 웃음을 천천히 따라 읽는다

손끝이 흔들려
너의 볼을 매끄럽게 쓰다듬진 못해도
마음은 매일
너에게 꽃잎처럼 닿는다

말이 더뎌
사랑한다는 한마디
마음속에서 길을 잃지만
내 눈빛은
그 말보다 먼저 너를 안는다

내가 못하는 많은 것을
너는 기다려주었다
사랑은 빠르지 않아도 된다는 걸
너는 내게 가르쳐주었다

이 사랑은
넘어지고 흔들리다가도
두 손으로 꽉 잡고
끝까지 걸어가는 길이다

멈춘 발걸음 위에

모퉁이 하나
턱 하나에
내 하루가 멈춘다

세상은 바쁘게 지나가는데
나는 아직 신호등 앞
길을 건너지 못한 채
숨을 고른다

누군가의 5분은
내겐 한 시간
누군가의 계단은
내겐 벽이다

'조금만 더 힘내요'라는 그 말이
나를 더 멀리 두는 걸
당신은 아는가

나는 달릴 수 없지만
걷고 싶다

나는 멈추지 않았지만
늘 멈춘 것처럼 보인다
내 발걸음은 느리지만
포기한 적 없다

억울한 건
세상이 내 속도를
기다려주지 않는다는 것

사랑하는 부모님께

따뜻한 봄바람이 마음을 스치듯
당신의 사랑도 늘 그렇게
조용히 그러나 깊이
제 삶을 감싸주셨지요

어릴 적 작은 손을 잡아
세상의 처음을 함께 걷게 해주시고
넘어질 때마다 먼저 아파하시며
다시 일어서는 법을 알려주셨어요

당신의 눈빛 그 안에 담긴 걱정과 사랑
당신의 등 그 위에 실린 삶의 무게
그 모든 것들이 오늘의 저를 만들었습니다

감사하단 말이 부족하고
사랑한단 말이 모자라지만
이 마음만은 진심입니다

늘 제 곁에서
가장 큰 나무가 되어주셔서 감사합니다

어버이날, 당신께 마음을 드립니다

사랑하는
자녀로부터

같은 길 위에서

우리는 같은 길 위에 서 있다지만
누군가는 계단 앞에 멈춘다
누군가는 시선 앞에 갇힌다
누군가는 말 대신 침묵을 강요받는다

차별은 말없이 다가와
문을 높이고 길을 끊고 벽을 세운다
그러고는 묻는다
'왜 너는 오지 않느냐'고

기회는 평등하지 않았고
존중은 선택받지 못했다
그러나 그 눈빛 속에 그 발걸음 속에
포기란 없었다

당신은 말할 수 있다
'나는 여기 있다'
들려야 한다
'같은 세상을 살아간다'

비 오는 날

창밖엔 비가 내리고
지붕 위로 떨어지는 소리
마음속 허전한 틈을 채워준다

두런두런 불 켜진 주방에서
달큰한 막걸리 한 잔씩 따르고
지글지글 익어가는 김치부침개
그 냄새만으로도 위로가 된다

젓가락 사이로 흘러내리는 온기
빗소리와 어우러져
하루의 피로가 사르르 녹는다

이런 날엔 특별한 말 없어도
함께 앉아 있는 것만으로 충분한 걸
비와 막걸리 그리고
김치부침개 한 접시만 있다면

탈출

벽은 점점 가까워지고
숨은 목 끝까지 차올라
달빛조차 등을 돌린 밤

나는 문이 되기로 했다
닫힌 것들 사이 틈을 찾아
빛 한 줄기 품은 눈을 뜬다

두려움은 발목을 붙잡지만
절망도 결국 지나가는 길
그 끝엔 내가 있다

더 이상 감추지 않는 나
나는 나로부터
탈출한다

어둠 속의 숨결

창문 틈 사이로
빛이 스며들어도
내 마음은 여전히
짙은 안개 속을 헤맨다

웃음소리 멀어지고
시간은 모래처럼 흩어져
붙잡을 수 없는 하루가
조용히 무너져 내린다

이 고요 속에도
작은 숨결 하나
희미한 온기처럼
끝내 나를 놓지 않는다

설레임

처음 그날의 공기처럼
가볍고 따스한 너의 말 한마디에
가슴 어딘가가
슬며시 떨리기 시작했다

이유도 없이 웃음이 나고
의미 없는 단어에도
내 마음은 긴 여행을 떠났다

너라는 이름표 하나 달고
손끝에 닿을 듯
아직 먼 너의 온기
그 거리를 재보며
설레는 맘으로 하루를 접는다

너를 향한 마음은
달력 위의 작은 별처럼
하루하루를 빛내며
언젠가 너의 시야에 닿기를 바란다

어쩌면 오늘은
네가 먼저 말을 걸어줄까
상상만으로도 나는
불끈불끈 힘이 솟아난다

사랑은 천천히 스며든다

사랑은 번개처럼 오지 않았다
그것은 바람처럼 조용히
창문 틈으로 스며드는 햇살처럼
느리게 깊게 다가왔다

눈빛 속에 담긴 따스함이었고
말없이 건넨 손길에 깃든 떨림
말보다 먼저 와닿는 마음의 무늬였다

사랑은 대단한 말이 아니었다
함께 걷는 길에서 서로의 걸음을 맞추는 일
눈을 마주치며 짓는 작은 웃음
기다려주는 고요함이었다

때로는 비바람 속을 걷기도 했다
오해가 번져 마음을 흐리게 할 때
사랑은 물러서지 않았다
말을 덧붙이기보다
묵묵히 곁을 지키는 일이었다

꽃처럼 피어나기도 하고
불처럼 타오르기도 하지만
진정한 사랑은 나무와 같다
계절이 바뀌어도 뿌리를 내리고
그 자리에서 자란다

익숙함 속에서 감사를 배우고
침묵 속에서 존재를 느끼며
멀어짐 속에서 더욱 또렷해진다

쉽게 끝나지 않는 이야기
사랑을 말할 때
나는 시처럼 조용히 읊조린다
너를 만난 순간부터
내 삶이 노래가 되었노라고

이름표

나는 내 가슴에
작은 이름표 하나 달고 있어요
조용히, 하지만 분명히 내게 말하죠
'나는 장애인이에요'

사람들은 때때로
그 이름표만 봐요
눈빛은 머뭇거리고
말은 멀어지기도 해요

그 안에도 숨겨진 말이 있어요
'나, 사실 친구가 되고 싶어요'
함께 웃고 싶고
손을 잡고 싶어요

내 이름을 불러줄 누군가
고개를 들어 눈을 맞춰 줄 사람

그 순간
내 이름표는 더 이상 벽이 아닌
꽃이 될 수 있어요

나라의 주인은 누구인가

소중한 한 표 가벼이 여기지 않으리
이 땅을 지키는 건
높은 말이 아닌 깨어있는 마음

거짓보다 진실을 소음보다 소리를
표정 속 미소가 아니라
등 뒤의 발걸음을 보리라

선거는 끝이 아닌 시작
우리의 꿈과 땀을 대신할 사람
책임과 약속을 지키는 사람이어야 한다

단지 바라보는 자가 아니라
길을 함께 걷는 동반자
눈 감지 않고 귀 막지 않으며
정의와 상식을 품은 나라를 위해

나는 국민으로서 말하리
'이 나라는 우리 모두의 것이다'

위로

한낮의 햇살이 창을 뚫고
내 무릎 아래로 스며든다
말없이 앉아 있는 내 몸

기억도 통제도 멀어진 그곳에서
문득 따뜻한 무언가가 흐른다
부끄러움은 습관이 되지 않는다

차마 말 못할 순간마다
나는 조용히 눈을 감는다
이건 실패가 아니다

몸이 내 뜻을 오해한 것뿐
그저 인간이란 이름 아래
조금 더 느릴 뿐인 나의 하루

비웃음은 벽 너머로 흘려보내고
나는 다시 일어선다

누군가의 손이 따뜻하듯
내 마음도 그렇게 견딘다

아직은 괜찮다고
나에게 말해본다
조용히 위로를 건네며

하늘과 바다 사이

하늘을 걷는 듯
투명한 유리
푸른 물결이 출렁인다

바람은 조용히 귓가를 스치고
햇살은 케이블카 창을 타고 들어와
따뜻하게 나를 안아준다

파도는 멀리서 손을 흔들고
작은 배 한 척이
그 손짓에 웃으며 지나간다

점점 멀어지는 땅 위의 소음들
조금씩 가까워지는 마음
이 짧은 순간
나는 바다가 되고
구름이 되어 떠돈다

제2부

바람개비의 꿈

입맞춤의 순간

밤하늘 별빛보다 부드러운
너의 숨결이 다가와
말없이 닿는 그 한순간에
세상이 멈춘 듯 고요했어

입술 위에 머무는 너의 온기
달보다 따뜻하고 바람보다 잔잔해
그 짧은 떨림 안에 담긴 마음은

천 마디 말보다 더 깊었지
사랑은 아마 이런 거겠지
말없이 느끼는 눈빛과 숨결

마침내
입술이 입술을 기억하는 그 순간

이불 전쟁

밤이 되면 시작되는
엄마도 모르는
은밀한 이불 쟁탈전

한쪽은 끌고
한쪽은 밀치며
엉킨 다리 아래
이불은 조용히 한숨 쉰다

'내 거야!'
'아니, 네가 다 덮었잖아!'
속삭임 같은 고성이
어둠 속을 가른다

그러다 어느 순간
언니의 팔이 슬쩍
이불 한 귀퉁이를 건네고
잠든 동생 발끝을
살며시 덮어준다

그제야 이불은 알았다
이 싸움 속에도 흐르는
따뜻한 마음이 있다는 걸

이건 전쟁이 아니라
사랑이 담긴
작은 장난일지도 모른다

들켜버린 침묵

네모난 조각
작디작은 플라스틱 틈 사이로
비밀이 흐르고 있었다

손끝에서 반짝이는 그 조각은
말이 없었다
하지만 너무 많은 것을 품고 있었다

안개 낀 새벽
기지국을 건너는 고요한 신호
그 속을 지나던
음침한 눈동자 하나
그건 누구의 번호였을까
누구의 말이었을까

삭제된 문자 속에 잠든 기억들
검은 화면 아래
빛조차 닿지 못한 의심의 불꽃이
조용히 피어오른다

우리는 그저
연결되길 바랐을 뿐인데
연결 너머 감춰진 손길이
우리의 등을 스쳐 갔다

유심은 아무 말 없었다
그저 모든 걸 보고 있었다

오감의 노래

아침 햇살 눈꺼풀 위에 떨어져
빛으로 말을 건네는 시각
세상은 색으로 피어난다
붉은 꽃 푸른 하늘 금빛 웃음

바람이 속삭인다
귓가에 맴도는 나뭇잎의 설렘
청각은 소리를 만져
말 없는 세계를 노래로 바꾼다

엄마가 끓여준 된장국 냄새
그리움이 코끝을 자극할 때
후각은 기억의 문을 열고
시간 너머 추억을 불러낸다

초콜릿 한 조각이
혀끝에서 천천히 녹아갈 때
미각은 살며시
작은 기쁨을 온몸에 전한다

마지막은 손끝
살결을 스친 봄비 한 방울
촉각은 조용히 속삭인다
'이 순간 너는 살아 있구나'

빛을 모으는 창

가느다란 시선 너머
세상은 늘 흐릿했다

무늬 없는 거리
의미 없는 글자들

그러나 너는
작디작은 유리 조각

빛을 끌어안고
세상을 다시 그려냈다

왼쪽 눈이 놓친 풍경
오른쪽 눈이 흐린 색조차

너를 통해
조금씩 제자리를 찾는다

완전하진 않아도 괜찮아

너는 나의 보조 날개

흐려진 세월 위에
또렷한 오늘을 얹어주는

약시 렌즈
너는 작지만
나에겐 눈부신 창이다

멈춘 길 위에서

내 다리는
남들처럼 빨리 걷지 못한다
하지만 마음은
쉼 없이 달린다

누군가에겐 평범한 하루가
나에겐
싸움이 되고, 고독이 된다

거울 속 나는
가끔 낯설다
움직이지 않는 이 몸 안에
울고 있는 나를
어떻게 안아줘야 할지
모르겠다

세상은 자꾸만 앞서가고
나는 자꾸 뒤처지는 기분
발자국은 남지 않아도

내 안엔
수천 번의 발버둥이 있다

그러다
작은 햇살 한 조각이 속삭인다
'천천히 가도 괜찮아
 너는 너의 속도로
 조용히 피어나고 있어'

빛의 문턱에서

눈은 말을 삼키고
세상은 색으로 운다

붉은 노을이 창을 적시면
마음도 물든다

보이는 것이 전부는 아니라고
빛은 끝내 속삭이지만

우리는 본 것만을 기억하고
보지 못한 것에 눈 감는다

그러나
어둠 속에서야 비로소
진짜 눈이 열린다

바람 속 일곱 괴로움의 대화

바람이 내게 말을 걸었다
너의 괴로움은 몇이야
나는 손가락으로 셌다
하나, 둘… 일곱
그것들은 나와 오랜 시간을 나눈 친구 같았다

첫째 괴로움은 말이 없었다
침묵으로 내 속을 울리고
조용한 울림에
나는 밤마다 잠 못 들었다

둘째 괴로움은 바람처럼 스쳐갔다
남긴 건 찢어진 추억의 페이지
바람은 그걸 몰래 읽으며 웃었다

셋째 괴로움은 목소리였다
차가운 말 한 마디
살갗을 파고들던 그 음성
지금도 귓가에 메아리친다

넷째 괴로움은 대화였다
하지 못한 말
이미 늦어버린 순간
대화는 끝났고 나는 혼잣말을 배웠다

다섯째 괴로움은 시간이다
돌릴 수 없다
나는 어제를 끌어안고
오늘을 무겁게 걸어간다

여섯째 괴로움은 나 자신
거울 속 눈동자에 묻힌
끝없는 질문
'넌 괜찮니?' 묻는 내가 두려웠다

일곱째 괴로움은 사랑이다
가장 달콤하고
가장 아픈

모든 괴로움이 바람 속에 실려
나와 대화를 시작했다
그들은 울지도 웃지도 않았지만
내 목소리를 들어주었다

바람아, 고맙다
이 긴 시의 첫 독자가 되어줘서
오늘도 나는 조용히 걷는다
일곱 괴로움과 대화하며

잿빛 물음

고지식한 잿빛 물음들이
창밖의 빗방울처럼
뚝뚝 떨어졌다

나는 그 물음을
차마 외면하지 못하고
묵묵히 삼켜버렸다

회상의 벽에
머리를 기대고
스며든 생각들은
무겁고 느릿하게 흘렀다

그 물음 속엔
악몽 같은 현실과
침묵으로 가장된
소란이 숨어 있었다

'장애인으로 산다는 건
무엇인가'

비 오는 날 유리창처럼
선명하지만
닿을 수 없는 질문

나는
이 흐릿한 경계 위에
또 하나의 나를
조용히 내려놓는다

질투

조용한 밤
내 안의 그림자가
조용히 고개를 든다

그대의 눈길 하나
그 웃음 하나에
내 마음은
조각조각 깨어진다

잎새에 맺힌 이슬처럼
질투는
투명하되 날카롭다

사랑이 머문 자리에
바람처럼 스며드는 불안
나는 알고 있다
그대가
내 것이 아니라는 걸

마음은 소유를 갈망하고
그 갈망은
나를 조용히 짓누른다

질투여
너는 나의 연인인가
혹은 끝없는 미로인가

나는 오늘도
너와 함께
그를 바라본다

사랑으로

아무 말 없이
손을 내밀었을 때
햇살처럼 따뜻한 손이
나를 꼭 잡아주었다

그건
말보다 먼저 다가온
사랑이었다

비가 오던 날
작은 우산 하나에
둘이 꼭 붙어 걷던 그 순간
세상은
우리 둘만의 것이었다

무엇을 주고받는 게 아니라
그저 함께 있는 것만으로
충분하다는 걸
사랑은
조용히 가르쳐 주었다

눈물도
웃음도
그저 다 안아주는 마음

그것은
사랑으로 피어난
순수였다

묶인 발걸음

사람들은 걷는다
가벼운 숨결로 아무렇지 않게
나는 멈춰 선 채
움직임보다 많은 생각을 끌고 간다

내 다리는
세상의 속도를 따라가지 못하고
내 마음은
그 속도에 자꾸만 놓인다

버스는 문을 닫고
사람들은 지나가고
나는 그 자리에 남아
무력함을 되씹는다

누가 내게 물었다
'도와드릴까요?'
그 말 한 마디가
왜 이리 벅차고 서러운지

나는 사람이고 싶은데
자꾸만 '대상'이 되어 간다

도움이 아니라
존중이 필요했는데
하늘을 본다
구름은 자유롭다
나는 바람처럼
흘러가고 싶은데
이 땅은
내 발목을 붙든다

바람개비의 꿈

바람이 불었다
작은 손 안에서
종이가 돌았다
색색이 반짝이는 마음이
세상에 말을 걸었다

우리는 가면을 만들었다
평면에 갇히지 않은 이야기들
접고 붙이고 웃으며
모두가 작가가 되었다

장애도 경계도
오늘은 축제가 삼켜버렸다
함께한 순간들이
하나의 선물이 되어
돌아왔다

문화는
손을 잡는 일

예술은
마음을 여는 일
그 속에서 우리는
서로의 바람이 되었다

쇠사슬 위의 꽃

말하지 말라 하여
침묵이 내 혀를 잡아먹고
걷지 말라 하여
내 발은 벽 속에 묻혔다

누군가의 손이 내 등을 밀었고
'그렇게 사는 게 옳다'
날 향한 눈
벼락처럼 떨어졌다

나는 사람이었고
생각했고
원했고
그러나 그 모든 것은
'규칙'이라는 이름에 갇혔다

그들이 만든 굳은 틀 속에
나는 점점 작아졌지만
작은 틈 하나에서

내 안의 꽃이
피어나고 있었다

지워지지 않는
부서지지 않는
'나는 나다'라는
이름의 꽃

빛의 수술

어두운 세상의 안개 속
나는 늘 손끝으로 길을 짚었다
빛은 늘 멀리서 웃고
나는 그림자에 안겨 살았다

그러던 어느 날
꿈결 같은 순간
흰 가운 입은 목소리가
내게 말했다
'잠시 눈을 감으세요
이제 어둠은 덜어내겠습니다'

수면 위를 미끄러지듯
나는 누웠고
검은 밤 위에
푸른 빛이 떴다
빛이 내 눈 속으로
천천히 들어왔다

내 안에 조용히 물든 새벽

번져가던 초점들이
하나 둘, 형태를 갖추기 시작했다
빛은 더 이상
타인의 것이 아니었다
이제 나도
세상을 바라볼 수 있었다

눈을 떴다
꿈이었다
하지만 그 잠깐
나는 보았다
나무의 나이테
바람의 결
누군가의 미소

아직 어둠 속에 있지만
그날의 꿈은
내 가슴 속에 남아
작은 빛이 되었다

초저녁의 마당에서

해는 서쪽 지붕 너머로
자리를 내어주고
노을이 데크 위를
부드럽게 어루만진다
낮의 열기는 서서히 식어가고
마당 한켠에서 개구리 한 마리가
조심스레 울음을 튼다

처음엔 한 마리
이내 둘, 셋…
마치 누군가의 신호라도 받은 듯
그들의 합창이
마당을 채운다

그네는 조용히 멈춰 있다
낮 동안 아이들의 웃음을 태우고 나서
지금은 바람의 손길에 몸을 맡긴 채
천천히 흔들린다
삐걱거리는 쇠줄 소리가
초저녁의 음악으로 들린다

데크에 앉아 맨발을 내밀면
나무 결 사이로 스며드는 잔열이 느껴진다
하루가 가고 있다는 증거
혹은 아직 남아 있는 낮의 기억
개구리 소리는 점점 더 깊어진다
어둠은 그 소리를 타고
마당으로 내려온다

나는 그네 곁에 앉아
고요한 시간을
흠뻑 들이마신다
이 순간을 잊지 않기 위해
아무 말 없이
귀 기울인다

하루의 끝이
이렇게 아름다울 줄이야

기억의 바다

고요한 아침
노란 바람이 불었다
파도는 아무 말 없이
진실을 삼켰다

그 날
시간은 멈췄고
기다림만이
물 위에 떠 있었다

아이들의 꿈은
아직 젖어 있는데
어른들의 말은
자꾸만 흩어지고
진실은 저 깊은 곳에서
숨죽이며 울고 있었다

우리는 잊지 않겠다
그 노란 리본처럼
흔들리며

흩날리며
끝내 바다를
기억으로 바꾸리라

못 간다 하지 마라

몸이 불편하다고
발걸음이 멈춘 것은 아니다
문턱 하나 높게 느껴질 때
넘고 싶은 마음 누구보다 깊다

타인이 내 삶을 지탱해 줄지라도
대신 느껴 줄 수는 없지
온몸에 스며드는 따뜻한 기운
혼자 서는 기쁨
거울 속 당당한 나를 만나는 시간
그건 누구도 대신할 수 없는 삶이다

혼자선 못 가지
쉽게 던진 그 말 한마디가
얼마나 많은 문을 닫는지
그대는 아는가

도움이 필요한 것과
가능성이 없는 것은 다르다

길만 열어다오
의지와 삶은
내가 감당할 테니

작은 전쟁

배 한가운데
보이지 않는 칼이 춤춘다

숨을 들이쉴 때마다
파도가 밀려오고

쉴 틈 없는 고통이
나를 끌고 간다

이건 누구의 잘못도 아닌
조용한 전쟁

말하지 않아도
몸이 기억하는 날들

그저 견디는 것
그게 내가 할 수 있는 전부

이 고요한 싸움의 끝에도
언젠가는 봄이 오겠지

제 3 부

아포카토의 하루

다시 걷는 길

조용히 흐르는 땀방울 위로
아픔은 말없이 지나간다
한 걸음 또 한 걸음
어제는 불가능했던 게
조금씩 가까워진다

굳어버린 근육 사이로
기억은 천천히 피어난다
움직임이 말이 되고
고통마저 의미가 된다

누군가에겐 작은 동작이
나에겐 거대한 기적
넘어진 자리에서 일어나
나는 또 다시 나아간다

재활이라는 이름 아래
희망은 늘 기다리고 있다
몸도 마음도
서서히 그러나 분명히
빛을 향해 걸어간다

강아지의 이야기

나는 작은 발바닥을 가지고 태어났어
세상의 모든 것이 크고 낯설었어
하지만 누군가의 손길은 따뜻했고
그 손길에서 나는 사랑을 배웠어

아침이면 네 얼굴을 기다렸고
저녁이면 꼬리를 흔들며 반가움을 전했어
네가 웃을 때면 세상이 햇살처럼 빛났고
네가 울 때면 내 가슴도 덩달아 젖었어

나는 말을 할 수 없지만
너의 슬픔을 알아볼 수 있어
내가 다가가 네 무릎에 얼굴을 묻는 건
괜찮다고 말하고 싶어서야

내 시간은 짧고 빠르지만
그 안에 담긴 하루하루는 영원 같아
네 곁에서 숨 쉬는 이 순간들이
내게는 전부니까

어느 날 내가 더디게 걷고
숨이 조금 가빠질지라도
기억해줘
나는 언제나 너를 사랑했고
너와 함께한 모든 순간이
내 삶의 전부였다고

슬픔은 조용히 온다

슬픔은 문을 두드리지 않는다
그저 바람처럼 스며든다
햇살 사이로 드리운 그림자처럼
고요히 마음을 적신다

가만히 앉아
마음을 꿰매는 밤이면
눈물은 바늘처럼 날카롭고
기억은 실처럼 길다

그래도 괜찮다고
괜찮아지지 않아도 된다고
스스로에게 속삭이는 동안
슬픔은 조금 작아진다

아포카토의 하루

수망 위에 볕이 내려앉을 때
로스팅된 꿈이 향을 피운다
작은 원두 깊은 의지
불의 숨결속에 빚어낸 정성

에스프레소 한 잔 고요한 선언
검고 진한 그 속삭임에
세상의 피로가 녹는다

아포카도 내 이름은 비밀의 문
숫자 너머의 의미를 묻고
아포카도와 초콜릿이 만난
기묘한 상상력의 실험실

이 맛은 무엇인가
우리가 여는 작은 혁명
커피 한잔으로 세상을 바꾸는 일

비 바람에 부치는 노래

비가 내린다
하늘이 조용히 흘린 한숨이
대지 위를 부드럽게
때로는 거칠게 덮는다

물방울은 창틀을 두드리고
마음속 잊혀진 기억들을 깨운다

그 사이를 가르며 바람이 분다
바람은 얼굴을 스치고
고요했던 가슴 속 어딘가를 휘젓는다

누군가의 목소리를 닮은 듯
멀어진 발자국처럼 애틋하다

비는 멈출 듯 멈추지 않고
바람은 멀어질 듯 다시 돌아온다
그 속에서 나는 조용히 서 있다

젖은 땅 위에 나를 심고

흔들림 속에서 나를 다시 피운다

비 바람은 지나가는 것이 아니라
어쩌면 나를 다시
살아 숨 쉬게 하는 것 같다

미움

가만히 피어오른
작은 틈 하나

말 한마디에
검게 번져간다

사랑의 그림자일까
기대의 반대편일까

너를 알았기에
더 깊어진 상처

그래도 언젠가는
이 미움도 스러지겠지
햇살 아래 놓이면
잿빛조차 따뜻하니까

그림자 속의 나

남들보다 느린 발걸음에
자꾸만 내 눈을 떨군다
거울 속 나는 나인데
왜 자꾸 타인의 얼굴을 닮으려 할까

비교는 가시가 되어
마음 속 꽃잎을 찌르고
내 안의 목소리는
'넌 아직 부족해'라고 속삭인다

하지만
그림자가 있다는 건
빛이 있다는 뜻이니까
내 어둠 속에서도
작은 불씨 하나는 살아 있고

그 불씨는 언젠가
불꽃이 되어 나를 태우리라 믿는다
나는 아직
피어나지 않았을 뿐
시들지 않은 꽃

연애에 대하여

너를 처음 본 날
하루가 조금 길어졌어
시간이 멈추진 않았지만
분침이 네 쪽으로 기울더라

문득 너의 이름만으로
마음이 한 겹 더 얇아지고
웃음이 내 입꼬리에
작은 집을 지었어

사랑이란
거창한 단어보다
네가 잘 잤는지 묻는 아침 문자
비 오니 조심하라는 말에
숨겨진 마음들일지도 몰라

우리 사이의 공기
아무 말 없는 순간에도
살짝 떨리는 건
너도 나처럼 생각 중이란 뜻일까

연애는
완벽한 둘이 만나는 게 아니라
불완전한 우리가
조금씩 서로를 알아가는 일
그 과정 자체가
사랑인 거야

불공평은 조용히 문을 연다

불공평은 조용히 문을 연다
누구는 계단을 오르고
누구는 엘리베이터조차
고장 난 지하에서 출발한다

사회는 말한다
'노력하면 된다'고, 하지만
그 말은
이미 출발선이 보이지 않는 이들에겐
한 장의 조롱처럼 흔들릴 뿐이다

그리고 지체장애인
그 이름조차 부정확하게 불리는 존재
통계에도 뉴스에도 대화에도
정확히 담기지 못한 그들은
소리 없는 증인이다

불공평이 제도를 닮았을 때
사람은 숫자로 줄고
존엄은 문서 아래에 눌린다

그럼에도
그들은 걷는다
기울어진 길 위에서
다시 내일을 향해

입술 사이의 별

너와 나의 숨결이
가만히 부딪히던 순간
세상은 조용해지고
시간은 입술 끝에 멈췄다

말 대신 전해지던 떨림
눈 감은 채로 느끼는 마음

그 짧은 찰나에
우린 서로의 우주가 되었다

한 번의 키스가
수천 마디 사랑보다 더 깊었다

드라이브 토킹

밤하늘 조각난 별빛 아래
창문 너머로 스치는 바람 소리
라디오 대신 울리는 네 목소리

우린 도로 위 작은 우주야
차창에 맺히는 말들
소리 없이 흐르던 감정들
이제야 도로 위를 달리듯
막힘없이 흘러나온다

브레이크 없이 웃다가
신호등에 멈춘 순간에도
침묵은 어색하지 않아
우리 대화엔 길이 있으니까

이 길이 끝나도 괜찮아
네 얘기를 들을 수 있다면
밤새도록 달리고 싶다
드라이브 토킹 끝없는 여행

쌀국수 한 그릇

맑은 국물 안개처럼 피어
젓가락에 마음이 젖는다
팔팔 끓은 시간의 향기
숙주와 고수, 바람이 된다

쫄깃한 면발은
낯선 골목을 거니는 여행자 같고
한 줄기 라임의 산뜻함은
햇살 머문 창가의 인사 같다
소고기는 부드럽게 말 걸고
육수는 조용히 등을 두드린다

어느새 그릇 안에
낯선 나라가 익숙해지고
젓가락 끝에서 마음이 풀린다
베트남, 그 곳의 하루를
국물로 마셨다

수박씨 날리기 대작전

땡볕 아래 수박이 쩍
달콤한 붉은 속살에 마음도 쩍

손에 쥔 삼각형
한입 베어 물고
혀끝으로 찾아낸 작디작은 검은 씨 하나
'간다!' 외치며
입술을 둥글게 오므리고
허공을 가르며 쏘아 올린 검은 점 하나

누군가는 1미터
누군가는 2미터 반
누군가는 웃다 체했지
0센티로 완패한 날

웃음과 함께 튀는 수박 물
입가에 맺힌 여름의 추억
수박씨 멀리 뱉기 그 한순간에
어른도 아이도
다시 여름방학 속 꼬마가 된다

숨겨진 얼굴

지워진 얼굴들은
어디에 몽땅 버려야 할까

못생긴 몸매
못난 얼굴
잘못 칠해진 뽀얀 화장
누가 그걸 진심으로 바라봐 줄까

당장 놓쳐버린
억센 얼굴들
세상은 그들을
왜 숨기려 하는 걸까

미모의 지우개 열차를 타고

미모의 지우개 열차를 타고

익숙한 곳으로 향한다

그림자처럼 시름시름 앓으며

건강한 얼굴 하나라도 마주할 수 있길

고통스런 오뚝이

내 얼굴이 보이지 않아
먼 길도 보이지 않아

나는 조그만 한숨에도
상처 터져 허물 벗어

한 마음 두 마음 섞여
나는 고민 많은 대학생

후덥지근한 바람이 달려오면
나는 숨길 찾아 허우적거려

이젠 가슴을 활짝 펴고
기분 좋게 운명을 인정할 거야

소리치며 글 쓰는
나는 고통스런 오뚝이니까

청춘일기

비탈길이 길다
부러움은 부질없는 그림자로 남았다

무거운 걸음이
시린 세월을 스친다

앞날에 대한 고민과 한숨인데
모자란 청춘이라
피식 웃고 지나친다

내일은
오늘처럼 허탈한 시간이 아니기를

파도소리

노오란 햇빛이 내리쬐는 늦은 아침
게슴츠레한 눈 비비다 비몽사몽 세수한다

전화 소리 파도처럼 울려 퍼지고
경쾌한 남자친구 목소리에
속초 바다로 헐레벌떡 달려간다

하얀 파도가 시린 소리로 일렁이는데
넋 잃고 하늘을 바라본다
누구라도 당장 보고 싶어서일까

안경 잘 어울리는 키다리 남자가
파도 소리에 맞춰 미친 듯 소리친다

'사랑한다'는 유쾌한 파도 소리에
당황이라도 한 듯 내 입 쫘악 벌어진다

넓은 가슴에 살포시 안겨
키스한다

어둑어둑해진 초저녁
차가운 바람에 놀라
잠시 눈물 핑그르르

우리 이야기처럼
쫄깃한 회에
웃음이 터져 나온다

엄마와 감자전

길쭉한 강판 위에
동그란 감자가 따뜻한 엄마의 사랑으로
스멀스멀 갈려진다
달짝지근한 냄새가 살며시 내 코를 간지럽힌다
감자전이 꽃처럼 식탁에 활짝 피었다

입가에 하얀 미소로
엄마가 애써 만든 감자전 후후 베어 먹는다
뜨거운 감자전을 굽는 엄마의 뒷모습을 바라보며
'끝없는 사랑 참 신기해!'
우리는 먹다 말고 감자꽃처럼 환한 웃음 짓는다

제4부

잠이라는 약

물 한 잔

창밖에 흐르는 구름을
물 한 잔에 담아본다

말없이 머무는 투명함 속에
세상의 소음이 조용히 가라앉는다

시간도 잠시 멈춘 듯
찬기 도는 유리컵 안에서
나를 다시 들여다본다

비우면 채워지는 것들이 있고
가만히 있으면 들리는 말이 있다

물 한 잔
그 안에 있는 우주처럼

잠이라는 약

외로움이 슬며시 창가에 앉는다
말없이 짙게 드리운 그림자로
어깨를 감싸 안을 때면
입 안의 말들은 점점 멀어지고
생각들은 사방으로 흩어져
다시 붙잡을 수 없게 된다

아무도 나를 부르지 않는 저녁
도착한 메시지 하나 없는 핸드폰처럼
세상은 나를 향해 등을 돌린 듯 조용하다
고요는 마치 자랑이라도 하듯 당당하게 머물고
나는 그 속에서
겨우 들릴 만큼의 숨소리로 살아 있다

그럴 때면
잠이야말로 가장 좋은 위로가 된다
어설픈 말보다 훨씬 부드럽고
모든 걸 덮어주는 무거운 눈꺼풀 속으로
나는 조용히 천천히
나 자신을 감춘다

꿈속에서는 이상하게 덜 외롭다
누군가가 곁에 없어도
나는 나의 손을 잡고
천천히 조용히 걸어갈 수 있다
말 없이도 함께인 듯한
고요한 안도감이 있다

잠에서 깨면
외로움은 다시 찾아오겠지
하지만 지금 이 순간만큼은
세상과 나 사이의 따뜻한 틈
'잠'이라는 작고 포근한 구석에
조용하게 몸이 누워있다

완두콩

초록빛 작은 알맹이
햇살 품은 껍질 속에

옹기종기 모여 앉아
조용히 속삭이는 아이들
'우리도 언젠가는
밭을 떠나 세상을 만나겠지?'

달큰한 꿈 하나씩 품고
서로를 밀어주는 마음으로
조금씩 여물어간다

작다고 하여
가벼운 건 아니야
이 조그만 둥글음 속에도
봄과 여름이 고스란히 들어 있거든

속눈썹파마

거울 앞
조심스레 눈을 감는다
가느다란 곡선 위로
작은 꿈이 말린다

한 올 한 올
숨어 있던 나를 깨우듯
말려 올라가는 속눈썹 끝에서
새로운 내가 피어난다

눈빛이 달라졌다 말하는 너에게
나는 웃는다
이건 단지 곡선 하나의 기적일 뿐
하지만 그 작은 굴곡이
내 하루를 빛나게 한다

아침마다 눈부시게 뜨는
속눈썹의 곡선처럼
오늘도
조금 더 나답게 말려 올라간다

푸른 물결 속에서

엄마 손 꼭 잡고
햇살이 부서지는 수면 아래
푸른 물결 속으로
우린 조용히 잠수했다

깊은 물속
말 대신 눈빛으로 웃고
거품이 피어나는 사이
하늘도 시간도 멀어졌다

엄마는 인어 같았어
자유롭게 헤엄치며
내게 손짓했다
'괜찮아, 함께니까'

숨이 찰 때까지
서로를 바라보며
물속에서만 들리는
고요한 웃음으로 놀았다

다시 수면 위로 떠오르면
반짝이는 물방울 사이로
보이는 엄마의 얼굴
햇살보다 따뜻했다

도시를 달리는 창문

버스는 천천히
도시의 기억을 가로지른다

마음의 신호에 멈추고
낯선 골목을 스쳐 지나며
우리는 창밖의 풍경이 된다

회색 건물 위로
시원한 밤 바람이 너풀너풀 춤추고
사람들의 하루가
작은 점처럼 보인다

요란한 축제 속 음악처럼
도시는 저마다의 리듬을 가진다
그리고 우리는 그 안의 박자

투명한 창문은
거울이 되어
나를 비추고
낯선 이의 삶을 보여준다

오페라하우스 앞
영원한 순간처럼 느껴지는 곳에서
버스는 또 한 번
도시를 품어본다

여행

창 너머로 날이 점점 밝아온다
멀리 활주로 위 불빛들이
조용히 별처럼 하나둘 반짝인다

게이트 앞
바퀴 굴러오는 소리에 가슴이 덜컥인다
이별인지 설렘인지 알 수 없다
내 마음 한켠에는
아직 정리되지 않은 가방 하나가 놓여 있다

커피는 식어가고
탑승 알림은 오지 않는다
기다림은 언제나 그렇듯
침묵과 닮아 있다

한국을 떠나기 직전
어중간한 공기 속에서
나는 내 마음을 꺼내 본다
다시 돌아올까?

돌아온다면
그건 같은 내가 아닐지도 모른다

오늘 이 자리에서
하늘로 접어 올리는 마음 하나
그것만은 분명하다
활주로를 타고 올라가는 판타지 여행길
그곳에서 만날 꿈의 세계를 향해

하얀 물결, 작은 습관

거울 앞에 선 작은 나
입가엔 하얀 거품이 피어난다
칫솔 끝에서 춤추는 민들레처럼
아침의 어스름을 털어내고
밤의 흔적을 살며시 닦아낸다

게으른 시간 속에서도
조용히 피어나는 하루 두 번의 다짐
'나는 나를 아낀다'는
작지만 굳건한 선언

하얗게 맑게 깨끗하게
쌓여가는 작은 습관들이
조금씩 내 안을 채우고
그 덕에 내 웃음도
조금 더 밝아진다

목의 속삭임

바람 한 줄기 스쳐간 그 자리
목 안에서 조용히 불빛이 타오른다

말하지 않아도 괜찮다
쉼이란 고요 속에서
조용히 피어나는 꽃과 같다

따뜻한 차 한 잔의 온기가
오늘 하루 너를
부드럽게 감싸 안기를 바란다

카페서 마시는

햇살 한 스푼
바람 한 모금

창가에 앉아 커피를 들이킨다
잔 안에서 피어나는 향기처럼
잠시 세상은 부드러워진다

지나가는 사람들
흩어지는 대화들
모두가 배경음처럼 조용한 이 순간

나는 오늘
한 잔의 커피 속에
나를 녹인다

붉은 5월

총칼 아래 떨리던 숨

거리에 피는 붉은 진달래

누구의 이름도 부르지 못한 채

하늘만 바라보던 그날

울음은 흙으로 스며들고

정의는 주먹을 꽉 쥐었다

그 날의 함성

지금도 바람이 되어 운다

매듭 앞에서

자라며 책을 읽었고
문제집을 풀었으며
정답을 맞히면 박수를 받았다

어느 날
실타래처럼 얽힌 질문이
나를 조용히 내려다보았다
왜 이렇게 꼬였냐 묻기 전에
나는 멈출 수밖에 없었다

생각은 자라지 않고
정답만 외우던 뇌는
새 길을 찾는 법을 배우지 못했다

잘 자랐는가 내 뇌는?
아마도 키만 컸을 뿐
굴곡에 약하고
익숙한 길만 걸어왔던 건 아닐까

문제가 꼬였을 때

나는 당황한다
왜냐하면
문제는 '풀라'고 배웠지
'느끼라'고 배우지 않았으니까

그래서 지금
나는 매듭을 푼다기보다
그 안에 숨은 질문을
다시 읽어본다

잘 자라기 위해
다시 자라기 위해

외톨이

조용한 골목길
발자국 하나 울린다

세상은 분주한데
너는 고요 속에 잠긴다

말 없이 웃는 이들 틈에서
혼자서 울음 삼키며
제 그림자만이
유일한 친구가 된다

바람조차
너를 스쳐가지 않는 날엔
하늘마저
모른 척 하는 것 같았지

하지만 외톨아
기억하렴

별은 어둠 속에 빛나고
고요는 진실을 안아주는 법이란 걸

너의 침묵 속에
세상은 아직 숨 쉰다

눈물조차 굳건하게
스스로 터득하며 살아가고 있다

오뚝이

넘어져도 다시 일어나
작은 몸짓 흔들려도
미소는 잃지 않는다

세상이 밀쳐도
바닥이 깊어도
나는 또 중심을 찾아
흔들리되 무너지지 않는

그 이름 오뚝이처럼
오늘도 나는 버틴다

설거지

식사가 끝난 뒤
묵묵히 쌓여가는 그릇들
그 안에 하루의 흔적이 고스란히 남아 있다

물줄기를 따라 흘러가는 기름때
손끝에 전해지는 따뜻한 온기
누군가의 수고를 조용히 씻어내며
마음도 함께 맑아진다

설거지는 단순한 일상이지만
어쩌면
내게 주어진 작은 명상 같은 시간이다

그 입 닫으소서

비판이라 쓰고
비난이라 읽는 그대여
진실은 언제나
네가 던진 돌보다 묵직하다

그 입술에 묻은 잉크는
사실 아닌 소문을 적시고
성난 손가락은
자신의 허물을 숨긴다

나무는 열매로 말하고
사람은 걸어온 길로 말한다
하지만 당신은 오직
남의 그림자에 돌을 던질 뿐

이름 석 자를 마디마디 잘라
욕설로 꿰매는 너희들아
정작 자신은
한 치도 바르게 살았는가

나는 안다
빛은 언젠가 어둠을 찢고 나오며
진심은 결국 귀에 닿는다는 것을

그러니 말하라
스스로를 먼저 증명한 다음에

염색

물감처럼 부드럽게 스며든 오후
머리카락 끝에 새 계절이 묻어난다

검은 물결 위에 붉은 햇살을
한 줌 올려놓았을 뿐인데
나는 조금 달라졌다

거울 속 낯선 내가
눈을 깜빡인다
익숙한 얼굴 위로
낯선 빛이 춤춘다

시간도 색을 가진다면,
오늘은 아마도 와인 빛일 것이다

천천히 바래도 좋아
나를 칠한 이 순간이
한동안은 지워지지 않기를